Görel Kristina Näslund

Anton im Garten

Mit Bildern von Lars Klinting

Aus dem Schwedischen von Angelika Kutsch

Deutscher Taschenbuch Verlag

Dank

an Gustaf Alm, der mich in die Grundkenntnisse des Gartenanbaus eingeführt hat, an Astrid Lofs-Holmin, die mir viel über Würmer beigebracht hat, an Maj-Lis Pettersson, die mir wertvolle Kommentare zu den Texten gegeben hat, an Birgitta Wasstorp und alle anderen, die mir bei der Arbeit an diesem Buch geholfen haben!

Görel Kristina Näslund

Titel der schwedischen Originalausgabe: ›Anton i Trädgården Landet‹, erschienen bei Bonniers Junior Förlag AB, Stockholm

Von Görel Kristina Näslund ist außerdem bei dtv junior lieferbar:
Renettchens Apfelbuch, Band 79511

Ungekürzte Ausgabe
März 1991
Deutscher Taschenbuch Verlag GmbH & Co. KG, München

ISBN 3-551-20913-8
Umschlaggestaltung: Celestino Piatti
Umschlagbild: Ingrid Kellner nach Motiven von Lars Klinting
Gesetzt aus der Times Antiqua
Gesamtherstellung: Kösel, Kempten
Printed in Germany · ISBN 3-423-79513-1

Inhalt

Die erste Saat

Es war an einem Samstagvormittag im April. Die Sonne schien auf das niedrige gelbe Haus. Im Garten lagen noch letzte Schneereste. Es war ein großer Garten.

Anton wohnte mit seinen Eltern und seiner kleinen Schwester Marie in der einen Hälfte des Hauses. In der anderen Hälfte wohnte Trisse. Eigentlich hieß sie Beatrice, aber seit ihren Kindertagen wurde sie von allen nur Trisse genannt.

Trisse war von Beruf Gärtnerin. Aus ihrem Garten kam ein Teil der Mohrrüben, Radieschen, Spinatblätter, Kohlköpfe – von allem, was man so auf dem Markt kaufen konnte.

An diesem Samstag wollte Trisse ein Versprechen einlösen, das sie Anton gegeben hatte: Sie hatte ihm versprochen, ihm in diesem Sommer beizubringen, wie man Gemüse pflanzt. »Heute fangen wir mit dem Säen an«, sagte sie zu Anton.

»Unmöglich«, protestierte er. »Es liegt doch noch Schnee!«

»Draußen säen kann man natürlich erst in einem Monat. Aber für manches Gemüse reicht der Sommer nicht aus. Man muß ihm im Haus zu einem Frühstart verhelfen. Man läßt den Samen in Kästen keimen und setzt die kleinen Pflanzen später in die freie Natur. Säen macht viel Dreck, deshalb wollen wir heute anfangen, wo es warm und sonnig ist. Dann können wir draußen arbeiten.«

Sie und Anton nahmen alles Zubehör, das man zum Säen braucht, und gingen hinaus auf die Vortreppe. Und dort begannen sie mit der ersten Gartenarbeit des Jahres.

Breitsaat in acht Schritten

Wenn man draußen im Garten sät, sät man meistens in geraden Reihen.
In Kästen, die drinnen stehen, sät man über die ganze Breite. Man nennt das dann Breitsaat.
So wird es gemacht:

1) Füll einen Plastikkasten oder Blumentopf mit Gartenerde oder gewöhnlicher Blumenerde.

2) Streich die Oberfläche glatt, indem du mit einer leeren Streichholzschachtel darüberfährst.

Laß die Samen dann aus der ite fallen. Sie dürfen landen, o sie wollen, nur ein bißchen rteilt!

4) Wenn die Samen verteilt sind, streust du eine dünne Schicht Erde darüber.

5) Dann muß gegossen werden. Nimm eine Sprühflasche und dusche die Erde mit lauwarmem Wasser.

Die meisten Samen wollen es nkel haben, solange sie keien. Breite deshalb eine Zeing über den Kasten.

7) Wenn sich kleine grüne Blätter im Kasten zeigen, muß die Zeitung abgenommen werden.

8) Begieß die kleinen Pflanzen oft, damit sie nicht austrocknen. Sie sollen hell und warm stehen, aber nicht direkt in der Sonne.

Gemüse in allen Farben

Gemüse, das man in sogenannten Anzuchtkästen in geschlossenen Räumen vorziehen kann.

Lauch, die gekrümmte Zwiebel

Aus einer Tüte voll Lauchsamen entstehen ca. 300 Pflanzen. Für so viel Lauch haben die meisten Gärtner keinen Platz. Versuch also, den Inhalt deiner Tüte mit jemandem zu teilen! Die Lauchsamen breit über den Kasten verteilen und mit Erde bedecken (Breitsaat). Nach nur einer Woche sind schon die ersten Keime zu erkennen. Sie kommen auf lustige Weise gekrümmt aus der Erde. Wenn sie mehrere Zentimeter groß sind, richten sie sich auf. Die kleine braune Samenschale hängt noch lange an der Spitze des Halmes.
Der Lauch darf in seiner Kiste zu einem hellgrünen Rasenteppich heranwachsen, bis man ihn nach draußen verpflanzen kann (s. S. 20).

Wilde Erdbeeren und Tomaten

Es ist leicht und macht Spaß, zum Beispiel Tomaten und wilde Erdbeeren zu säen. Gleich im ersten Jahr kann man einige Erdbeeren ernten, im nächsten Sommer dann ist die Ernte größer.

Wilde Erdbeer- und Tomatensamen in je einer Kiste breit gestreut aussäen. Laß die Pflänzchen 2–3 cm groß werden. Das dauert ungefähr drei Wochen.

Dann müssen die Pflanzen umgesetzt werden. Das nennt man pikieren. Jede einzelne Pflanze bekommt einen eigenen kleinen Plastiktopf mit Blumenerde.

Denk daran, daß die Pflanzen sehr zart sind! Heb sie behutsam vom Kasten in den Topf.

Tomaten wollen gern hoch hinaus wachsen. Setz sie so tief in den Topf, daß nur noch ein Stück des Stengels über der Erde ist.

Nun müssen die Pflanzen groß und kräftig werden, bis es so weit ist, daß man sie hinaus in den Garten oder in einen Balkonkasten verpflanzen kann. (s. S. 18)

Die meisten vorgezogenen Pflanzen muß man auf diese Weise pikieren.

Empfindliche Gemüsesorten dürfen auf keinen Fall vor den letzten Nachtfrösten ins Freiland gesetzt werden. Die »Eisheiligen« (Mitte Mai) sollte man unbedingt abwarten.

Torfquelltöpfe

Man kann Samen auch in Torfquelltöpfen zum Keimen bringen. Aber das wird teurer! In jedes Töpfchen (das zuerst in Wasser aufquellen muß) legt man zwei Samenkörner.

Die schwächere Pflanze wird später abgeknipst. Die andere darf wachsen, bis es Zeit ist, sie nach draußen zu setzen.

Achtung, eisige Nächte!

Mit Vorzucht und Pikieren dauert es ungefähr sechs Wochen, bis die Pflanzen kräftig genug sind, um sie ins Freilandbeet setzen zu können. Wann man mit der Saat beginnt, hängt also davon ab, wann man die Pflanzen hinaus in den Garten setzen will oder kann.

Auch danach kann der Wetterbericht noch Nachtfrost ansagen. Dann muß man die Pflanzen abdecken, zum Beispiel mit einem alten Bettlaken. Sonst erfrieren sie.

Blumenschmuck für deine Beete

»Jetzt hast du deine ersten Samen gesät, Anton. Nun machen wir einen Plan von deinem Küchengarten auf einem Stück Papier. Und danach entscheiden wir, wo später die einzelnen Pflanzen hinkommen«, sagte Trisse und holte Papier und Bleistift. »Wenn du die Zeichnung aufbewahrst, weißt du im nächsten Frühling, welche Pflanze wo gestanden hat, und dann kannst du sie den Platz wechseln lassen.«

»Mal sehen«, sagte Anton, »das Gemüse ist natürlich am wichtigsten. Aber ich möchte auch ein paar Blumen dazwischen haben.«

»Das ist eine sehr gute Idee«, sagte Trisse. »Ich glaub nämlich, daß das Gemüse dann besser wächst.«

Blühende Gärten

Kann man Blumen mit Gemüse mischen? Klar kann man das, es ist sogar besonders hübsch, und es ist nützlich. In einem blühenden Garten, umgeben von Farben und Düften, arbeitet man auch lieber. Außerdem ist es eine alte Tradition, die Gemüsebeete mit Blumen zu schmücken.

Im sechzehnten Jahrhundert waren die Italiener Meister im Anpflanzen von feinem Gemüse. Das Interesse für Gemüse breitete sich dann von Italien nach Frankreich aus.

Bei reichen Herzögen und Grafen wurde es Mode, große, schöne Gemüseanpflanzungen anzulegen. Sie mußten immer nah beim Schloß sein. Der Schloßherr und die Frau des Hauses wollten die Gemüsebeete von ihren Fenstern aus überwachen können.

Beim Schloß Villandry bei der Stadt Tours in Frankreich kann man noch heute einen wunderbaren Küchengarten aus dem sechzehnten Jahrhundert besichtigen. Dort wachsen Bohnen, Salat, Kohl und anderes innerhalb niedriger grüner Buchsbaumhecken, die eckige Muster bilden.

Hier und da werden die Gemüsebeete von hübschen Blumenbeeten und Rosen aufgelockert. Es ist eine reine Freude fürs Auge.

Tomaten mögen Tagetes

Tagetes blüht den ganzen Sommer mit kräftigen gelben, roten oder orangefarbenen Blüten. Jedes Gemüsebeet wird noch hübscher mit einem Rahmen von Tagetes. Man kann sie leicht selbst aussäen.
Tagetes helfen auch gegen Pflanzenschädlinge im Boden. Die Wurzeln verbreiten nämlich ein Gift, das Nematoden (siehe S. 38) nicht vertragen.

Kapuzinerkresse und Kartoffeln

Kapuzinerkresse blüht auch rotgelb. Man sät sie im Frühling aus. Wenn du Kartoffeln anpflanzt, kannst du ruhig ein bißchen Kapuzinerkresse dazwischensetzen. Es heißt nämlich, daß Kartoffeln, die zusammen mit Kapuzinerkresse wachsen, besonders gut schmecken. Versuch doch mal selbst, ob es stimmt.

Ein Rahmen aus Ringelblumen

Ein Glück, daß nicht alles gleichzeitig blüht. Ringelblumen blühen später als Tagetes, aber dann blühen sie um so prächtiger in verschiedenen gelbroten Farbtönen.
Man kann die Blüten auch essen. Ein Käsebrot, bestreut mit rotgelben Ringelblumen, ist nicht nur hübsch, sondern auch lecker. Genauso kann man Salat mit Ringelblumenblüten schmücken.

Eine Hecke aus Rittersporn

Tagetes, Ringelblumen und Kapuzinerkresse sind nur einige Vorschläge, welche Blumen man neben und zwischen Gemüse pflanzen kann. Viele andere Blumen – wie zum Beispiel Rittersporn, Kornblumen und Margeriten – können eine schöne Hecke um die Gemüsebeete bilden. Diese Hecke aus Blumen gibt dem Gemüse einen guten Schutz gegen Wind.

Kohl aller Arten

Jetzt war die erste Woche im Mai. In Antons Anzuchtkästen sprossen grüne Blätter.

»Guck mal! Alle Kohlpflanzen sehen gleich aus. Aber ich weiß doch, daß ich drei verschiedene Sorten gesät hab«, jammerte Anton.

»Es ist wirklich ganz unmöglich, junge Kohlpflanzen voneinander zu unterscheiden. Das kommt daher, weil sie alle ihren Ursprung im selben wilden Kohl haben«, sagte Trisse. »Der grüne schlanke Brokkoli ist die Schwester vom korpulenten Weißkohl. Aber die Verwandtschaft sieht man nur bei ganz jungen Pflanzen.«

»Aber so ungleich sehen Geschwister doch nicht aus«, sagte Anton.

»Nein, aber es kann passieren, daß sich eine Pflanze plötzlich verändert. Dann spricht man von Mutation. Das heißt, ihre Erbanlagen verändern sich. All unsere Kohlsorten sind durch Veränderungen der Erbanlagen entstanden. Irgendwann haben die Menschen entdeckt, daß ihnen die neue Sorte schmeckt, und dann haben sie die neue Sorte bewußt gezüchtet.«

Leckerer Stiel

Das ist ein wahrhaft feines Gemüse: Kohlrabi. Man kann ihn roh oder gekocht essen. Du solltest ihn ernten, wenn er noch nicht größer als ein kleiner Apfel ist, dann schmeckt er am besten. Die zarten Blätter schmecken auch!

Die Kohlrabiknolle ist der geschwollene Stiel der Pflanze. Es gibt grünen und lila Kohlrabi. Beide sind gleich leicht zu ziehen.

Wenn du sehr zeitig im Jahr Kohlrabi essen willst, mußt du die Pflanzen im Haus vorziehen. Sonst kannst du den Kohlrabi gleich draußen ins Freilandbeet säen. Nach 10 Wochen kannst du ihn ernten.

Woher kommt der Kohl?

Einmal mußte Zeus, der höchste Gott der Griechen, über ein kniffliges Problem nachdenken. Vor Anstrengung brach ihm der Schweiß aus, und als seine Schweißtropfen auf die Erde fielen, wuchs an dieser Stelle die erste Kohlpflanze. Das glaubte man jedenfalls früher in Griechenland.

Ganz sicher ist, daß unser Kohl von wildem Kohl abstammt, der an den Ufern des Mittelmeers wuchs. Seit mindestens 5000 Jahren pflanzen die Menschen Kohl an.

Leckere Blätter

Es gibt nichts, das so nahrhaft ist wie Grünkohl. Die gekräuselten Blätter sind voller Vitamine und Minerale. Außerdem schmeckt Grünkohl gut. Man kann Suppe daraus kochen, aber am besten schmeckt er als Gemüse, wenn er den ersten Frost bekommen hat.
Der Grünkohl gleicht dem alten, wilden Ur-Kohl am meisten. Grünkohlsamen kannst du direkt hinaus ins Gemüsebeet säen und bis Weihnachten draußen stehenlassen, wenn nicht zuviel Schnee liegt. Aber im Herbst mußt du ihn mit Maschendraht abdecken. Sonst kommen Hasen oder Rehe und halten Festschmaus.

Leckere Knospen

Findet du es nicht auch komisch, daß die Knospen einer Pflanze ein leckeres Gemüse sein können? Aber so ist das mit Brokkoli. Wir essen und genießen seine Knospen und Stiele. Brokkoli kommt aus Italien. Er ist vielleicht das vornehmste Familienmitglied der Kohlfamilie, mit dem Blumenkohl eng verwandt.
Brokkoli gedeiht in fast jeder Art Erde, aber sie muß gedüngt sein. Die kleinen Pflanzen müssen im Haus vorgezogen werden. Brokkoli braucht viel Wassser.
Wenn die Knospen kommen, muß man schnell handeln. Keine Knopse darf sich öffnen oder gar blühen. Dann schmeckt der Brokkoli nicht mehr so gut.
Zuerst erntet man den Hauptblütenstand, dann die restlichen Blüten, wenn sie groß genug sind. Je mehr man abschneidet, um so mehr neue Blütenstände brechen hervor.
Wirf die kleinen Blätter rund um die Knospen nicht weg, denn sie schmecken ebenfalls gut.

Achtung, Feinde!

Die Kohlpflanzen können von vielen Scheusalen heimgesucht werden, aber die Larven von Schmetterlingen sind das Schlimmste. Und sie kommen immer!
Der Kohlweißling und einige andere Schmetterlinge legen ihre Eier auf den Kohl. Bald wimmelt es von munteren, drallen Raupen auf den Blättern, auf denen sie große Löcher hinterlassen.
Die sicherste Art und Weise, Schmetterlingslarven auf dem Kohl zu stoppen: ein Tuch über die Pflanzen legen, sobald sie ausgesät sind; das kann ruhig ein altes Bettlaken sein.

Antons erstes Gartenbeet

So kann ein Beet aussehen. In einem Rahmen von Blumen wachsen mehrere Sorten Gemüse. Aber vielleicht hast du ein kleineres oder größeres Beet, das du auf andere Weise bepflanzen möchtest. Das ist ganz in Ordnung.
Das Wichtigste ist, daß man die Zeichnung vom Beet aufhebt. Denn im nächsten Jahr und im Jahr darauf müssen fast alle Gemüsesorten (außer den Tomaten) ihren Platz wechseln. Das nennt man Fruchtfolge.
Im vierten Jahr können Möhren und andere Gemüsesorten wieder an ihren ursprünglichen Platz zurückkehren. Da jede Sorte andere Nährstoffe aus dem Boden zieht, nützt man auf diese Weise die Erde am besten aus. Und man verringert das Risiko für Krankheiten, die für Gemüse besonders gefährlich sind.

Tomaten
Brokkoli
Dill
Möhren
Bohnen
Rüben-
kohl
Radies-
chen
alat
Zucchini

Graben, Düngen, Säen

»Ich hab solche Sehnsucht, draußen zu säen«, sagte Anton.
»Warte mal, Montag haben wir Vollmond. Ja, dann könntest du nächsten Samstag säen«, antwortete Trisse.
»Hat der Mond etwas mit meinem Gemüse zu tun?« fragte Anton etwas erstaunt.
»Ein richtiger Gärtner hat das Recht, ein bißchen abergläubisch zu sein. Und daß der Mond wichtig beim Wachsvorgang ist, das weiß der Mensch schon seit urdenklichen Zeiten. Wurzelfrüchte sollen bei abnehmendem Mond gesät werden, alles andere Gemüse zwei Tage vor Vollmond. Dann wächst alles besser«, sagte Trisse.
»Dann säe ich Samstag Salat und Kohlrabi und Dill und Petersilie und Schnittlauch. Und mit dem Rest warte ich, bis der Mond abnimmt«, sagte Anton.
Er wollte schönes Gemüse haben, und wenn der Mond dabei half, dann hatte Anton nichts dagegen.

Wann soll man draußen säen?

Wenn die Erde richtig beschaffen ist.
Und wann ist das? Probier es aus: Wenn du ein bißchen Erde in der Hand zusammendrückst, und sie läßt sich zu einem Ball formen, ohne zu kleben; wenn du dann gegen den Ball tippst, und er fällt auseinander – dann ist die Erde bereit für die Saat.

Umgraben und Düngen

Viele Leute graben ihren Garten im Herbst um. Dann braucht man die Erde im Frühling nur mit einer Harke aufzulockern. Das ist gut, dann bleibt die Feuchtigkeit im Boden. Wer *mulcht* (s. S. 35), braucht gar nicht umzugraben. Die Erde ist auf jeden Fall locker.

Aber wer nicht im Herbst umgegraben hat oder mulcht, der muß im Frühjahr umgraben, und zwar ungefähr 10 cm tief. Gleichzeitig kannst du Stallmist von Pferden oder Kühen untergraben. Der Dünger muß gut abgelagert, also nicht frisch sein. Der Boden braucht zirka 1 kg Dünger pro Quadratmeter.

Zuerst breitest du den Dünger über die Erdoberfläche. Dann stichst du mit der Forke schräg in die Erde und hebst eine Erdscholle hoch. Dann wendest du die Forke und läßt Erde und Dünger so herunterfallen, daß der Dünger unten und die Erde oben liegt.

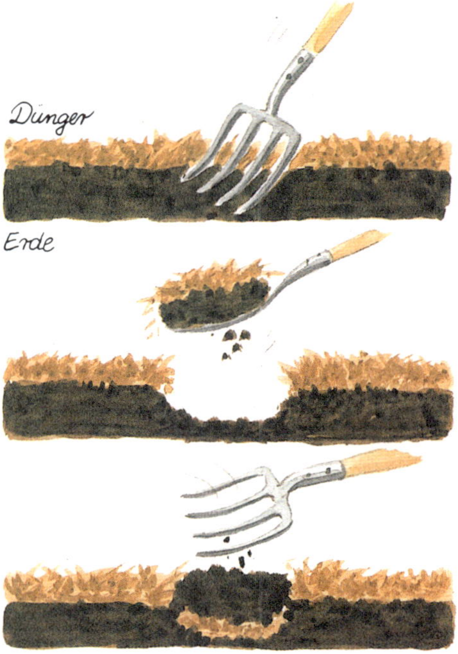

Wie sät man?

Ebne die Erde mit einer Harke ein. Dort, wo du säen willst, drückst du mit dem Holzstiel der Harke eine gleichmäßige Rinne in den Boden. Die Rinne wässern, bevor du anfängst zu säen! Die Samen nicht direkt aus der Tüte schütten, sondern mit der Hand so aussäen, daß genügend Abstand zwischen den einzelnen Samenkörnern ist.

Bedecke den Samen vorsichtig und drücke die Erde leicht mit der Harke fest. Das ist wichtig, damit die Samen fest genug in der Erde liegen. Auf jeder Samentüte steht, wie tief man die Samenkörner in die Erde säen soll und wieviel Abstand zwischen ihnen sein muß.

Wähl immer den geringeren Abstand. Der größere ist für Gärtnereien gedacht, wo man mit Maschinen arbeitet.

Wenn du mit Säen fertig bist, steck ein Stöckchen mit der Samentüte daran in die Erde. Das ist dann das Schild, das dir hilft, wenn du Unkraut rupfst. Dann weißt du, wo die Reihen verlaufen und was in welcher Rinne ausgesät ist.

Säen am laufenden Band

Manche Samen kann man als sogenanntes Saatband kaufen. Man legt die Bänder einfach in die Erdrille und streut Erde darüber. Ordentlich begießen. Dann kommen die Pflanzen in gleichmäßigen Abständen heraus. Diese Art zu säen ist leicht und bequem, aber sie kostet ein bißchen mehr.
Man kann sehr hübsche Schilder kaufen, die man an jeder Reihe in die Erde steckt (anstelle der Samentütchen). Aber auch sie sind ziemlich teuer. Wenn man Zeit hat, kann man sich solche Schilder selbst machen. Die Holzstäbchen von Eis am Stiel zum Beispiel sind sehr praktisch. Man beschriftet sie mit einem Bleistift, und fertig ist das Schild.

Beim Verziehen auflockern

Wenn man sich auch noch so bemüht, die Pflanzen so weit wie nötig voneinander entfernt zu säen, sie kommen immer zu dicht. Es zerreißt einem das Herz, wenn man später zarte kleine Möhrchen herausreißen muß. Aber man muß! Jede Pflanze braucht Platz, um wachsen zu können.
Wenn man die Pflanzen verzieht, muß man gleichzeitig die Erde auflockern. Damit zerstört man die feinen Öffnungen und Risse, die in glatter Erde entstehen. Auf diese Weise verhindert man, daß zuviel Wasser aus dem Boden verdunstet. Gleichzeitig stört man das Unkraut beim Wachsen. Die Erde aber nur oberflächlich auflockern, sonst trocknet sie um so schneller aus.

Richtig gießen

Ein stiller, lang anhaltender Regen ist das Beste, was einem nach der Aussaat passieren kann. Die Samen dürfen nämlich nicht trokken liegen. Sie brauchen Feuchtigkeit, um Keime zu bilden und zu wachsen. Wenn es nicht regnet, mußt du mit der Gießkanne gießen.

In einem trockenen Sommer muß man viele Male gießen. Ohne Wasser hängen die Pflanzen schlaff herunter und wachsen nicht mehr. Damit sie die Nahrung aus der Erde aufnehmen können, müssen die Nährstoffe in Wasser aufgelöst werden. Die Pflanzen saugen das Wasser mit den Wurzeln auf, verwerten die Nahrung und lassen die Feuchtigkeit über die Blätter verdunsten.

Am günstigsten ist es, morgens oder abends zu gießen. Mitten am Tag stiehlt sich die Sonne viel von der Feuchtigkeit, so daß sie gar nicht bis an die Wurzeln der Pflanzen gelangt.

Wenn du gießt, gieß reichlich! Wenn du zu geizig mit Wasser bist, wachsen die Wurzeln nach oben, um Wasser aufzunehmen. Das ist nicht gut, denn an der Erdoberfläche ist es wieder zu trocken, und die Pflanzen können Schaden nehmen.

Die eigenen Tomaten schmecken am besten

Jetzt blühte der Faulbaum. Er duftete stark und gut. Aber der Wind blies Anton kräftig und kalt ins Gesicht. Nach einigen schönen Frühsommertagen hatte sich die Sonne wieder hinter einer grauen Wolkendecke verkrochen.
»Das ist die Schafkälte«, sagte Trisse. »Nach einer Zeit mit schönem Wetter kommt oft ein Rückschlag.«
»Warum heißt es denn Schafkälte?«
»Weil es die Zeit ist, zu der die Schafe geschoren werden«, erklärte Trisse. »Jedenfalls bleibt uns jetzt nichts anderes übrig, als zu warten, bis das schlechte Wetter vorbei ist. Dann können wir unsere Tomaten hinaussetzen.«
»Wenn es dann aber noch mal richtig kalt wird?« Anton hatte Angst, der Frost könnte seine Pflanzen zerstören.
»Keine Sorge. Zur Sicherheit können wir die Pflanzen ja jeden Abend abdecken«, sagte Trisse.

Ein Platz an der Sonne

Es ist leicht, Tomaten zu ziehen. Man muß nur daran denken, daß Tomaten Sonne lieben. Und daß sie warme, gut gedüngte Erde brauchen.
An der Südseite einer Mauer gedeihen Tomaten am besten. Dort ist es sonnig, warm und geschützt. Setz die Pflanzen in einem Abstand von 50–80 cm.
Wie man die Pflanzen selbst vorzieht, kannst du auf Seite 7 nachlesen. Nimm ruhig eine Sorte, die hoch wird. Es gibt auch gute, niedrige Sorten wie Buschtomaten oder Kirschtomaten. Die Kirschtomaten sind kleine, kugelige, süße Tomaten.
Tomatenpflanzen können nicht ohne Stütze aufrecht stehen. Binde sie an einem kräftigen Stock, einem Spalier oder Zaun fest. Von Zeit zu Zeit muß man die Pflanze nachbinden, je nachdem, wie sie wächst.
Es empfiehlt sich, zu Füßen der Tomaten Tagetes zu pflanzen (siehe S. 9).

Achtung, Mitesser!

Aus jedem Winkel zwischen Stamm und Blättern (die Stelle nennt man Blattachseln) kommt ein Trieb, der den Tomatentrauben die Nahrung entzieht. Man muß all diese Triebe abknipsen, sobald sie hervorgucken. Das tut man vor allem deshalb, damit die Pflanze nicht zu viele Zweige und Blätter treibt und Kraft verliert.
Buschtomaten und Kirschtomaten muß man nicht ausgeizen. (So nennt man diesen Vorgang des Ausschneidens.)

Tomaten müssen geköpft werden

Die Tomatenpflanze braucht fast jeden Tag ein bißchen Wasser. Aber es muß lauwarmes Wasser sein. Die Pflanze wächst unheimlich schnell und kann bis zu 2 m hoch werden. Aber so groß läßt man sie nicht wachsen. Wenn sie fünf Tomatentrauben hat, schneidet man die Spitze ab, das läßt die Pflanze kräftiger werden.

Reifezeit

Die Zeit zwischen Tomatenblüte und reifen Tomaten beträgt ungefähr fünf bis acht Wochen. Die Hälfte der Zeit braucht die Tomate, um zu voller Größe anzuschwellen.
Erst dann fängt die Tomate an zu reifen. Sie wird weißgrün, dann rosa und schließlich rot. Das kommt daher, weil die grüne Farbe (Chlorophyll) durch rote Farbe (Karotinstoffe) ersetzt wird.

Freilandtomaten sind gesund

Tomaten, die draußen wachsen dürfen und die nur ein paar Tage später, nachdem sie rot geworden sind, gepflückt werden, schmekken am allerallerbesten.
Diese Tomaten enthalten viel mehr Zucker und C-Vitamine als Tomaten, die in Gewächshäusern gezogen wurden.
Tomaten, die nicht rechtzeitig rot wurden, kann man auch ernten, wenn sie noch grün sind, bevor der erste Frost kommt. Man legt sie aufs Fensterbrett, und dort reifen sie nach.

Tomaten-Geschichte

Die Tomate stammt aus Lateinamerika. Mexikanische Indianer nannten sie *tumatl,* und daher kommt auch unser Wort.
Die Spanier waren die ersten, die in Europa Tomaten anpflanzten. Das war Anfang des sechzehnten Jahrhunderts. Damals wußte man schon, daß die Tomaten (Nachtschattengewächse) mit gewissen giftigen Pflanzen verwandt sind. Deshalb wagte man nicht, sie zu essen. Tomaten wurden als Medizin betrachtet oder als Zierpflanzen angebaut.
In Südeuropa nannte man sie »Liebesäpfel« oder »Paradiesäpfel«.
Erst gegen Ende des neunzehnten Jahrhunderts tauchte die Tomate in unseren Kochbüchern auf.

Zwiebeln sind unentbehrlich

»Guck mal, was ich hier habe! Eine Zwiebel aus Ägypten!« Anton hielt ein paar kleine Zwiebeln in der Hand. Die hatte er von seinem Freund Magnus bekommen.
»Magnus pflanzt ägyptische Luftzwiebeln an.«
»Prima, dann kannst du jetzt auch welche anpflanzen«, sagte Trisse. »Das ist das Gute, wenn man mit Gartenliebhabern befreundet ist. Dann kann man Pflanzen und Erfahrungen austauschen. Zwiebeln sind ein mehrere tausend Jahre altes Gemüse. Als man in Ägypten die Pyramiden baute, verbrauchten die Arbeiter massenhaft Zwiebeln, Lauch und Knoblauch. Zwiebeln und Brot waren die Grundnahrung der alten Ägypter.«
»Das muß ich Magnus erzählen. Und ich werde ihn fragen, ob er ein paar von meinen Lauchpflanzen haben möchte.«

Lauch tief einpflanzen

Anton hatte kleine Lauchpflanzen in einer Anzuchtkiste gezogen (s. S. 6). Jetzt löste er vorsichtig eine Pflanze nach der anderen aus der Erde und schnitt einige Zentimeter der Wurzeln ab.
Dann bohrte er mit einem Stock Löcher in sein Beet und setzte jede Lauchpflanze ein, und zwar etwas tiefer, als sie vorher eingepflanzt gewesen war. Danach begoß er sie, damit die Erde ordentlich feucht wurde.
Zwischen den einzelnen Pflanzen müssen 10 cm Abstand sein und zwischen den Reihen 20 cm. Wenn der Lauch gedeihen soll, muß die Erde gut gedüngt sein.
Der weiße untere Teil vom Lauch schmeckt milder als der grüne Teil. Damit der Lauch einen langen weißen Hals bekommt, häufelt man die Erde um die Pflanze mehrere Male im Sommer an.

Gelbe und rote Zwiebeln

Zwiebeln aus Samen zu ziehen braucht lange Zeit, fast fünf Monate. Deshalb kauft man lieber kleine Zwiebeln, die man Steckzwiebeln nennt.
Man drückt sie im Abstand von 10 cm in die Erde. Etwa ein Drittel des Zwiebelbäuchleins soll über der Erdoberfläche zu sehen sein. Zwischen den Zwiebelreihen müssen 30 cm Abstand sein.
Im August, wenn die Zwiebeln reif sind, vergilbt das Kraut und sinkt zur Erde. Nun kann man ernten. Man legt die Zwiebeln locker in Kisten und läßt sie einige Wochen draußen auf dem Balkon oder auf einem luftigen Speicher trocknen.
Dann kann man seine Zwiebeln bündeln oder in ein Netz legen und unter der Decke aufhängen. Zwiebeln müssen trocken, kühl und luftig verwahrt werden, dann halten sie lange.

Zwiebeln – Nahrung und Medizin

Schon lange vor Christi Geburt haben die Menschen Zwiebeln geschätzt. Zwiebeln sind immer Nahrung und Medizin gewesen. Sie waren auch als Zauberpflanze beliebt. Früher glaubte man, daß Zwiebeln gegen Hexen, Schlangen und andere böse Erscheinungen schützen.

Ägyptische Luftzwiebel

Sie trägt ihre Früchte hoch oben an langen Stengeln. Allmählich senkt sich der Stengel zur Erde. Dann schlagen die Zwiebeln Wurzeln. Nächstes Jahr werden neue Pflanzen gebildet. Man kann nicht nur die Zwiebeln, sondern auch die grünen Stengel essen, die sich frühzeitig im Frühling aufrichten. Ägyptische Luftzwiebeln kommen jedes Jahr wieder.

Ägyptische Luftzwiebeln

Anfängerglück

»Ist es nicht komisch, daß aus so kleinen, jämmerlichen Samen ein so leckeres Gemüse entsteht? Ich finde, das ist ein Wunder.« Anton zog ein paar Radieschen aus der Erde. Er bot sie Magnus und Marie an. Die Radieschen schmeckten herrlich frisch und knackig.
»Wenn ich mir vorstelle«, fuhr Anton fort, »daß die Radieschen nur einige Wochen in der Erde waren, und nun sind sie schon rund und rot.«
»Sie schmecken wirklich gut«, sagte Marie.
»Aber ich finde, ein Garten macht viel Arbeit«, sagte Magnus. »Man hat jeden Tag was zu tun.«
»Jeden Tag«, bestätigte Anton. »Aber es ist doch das allerbeste, wenn man morgens rausgeht und zusehen kann, wie alles wächst und immer größer und schöner wird.«

Was leicht gelingt

Ein Anfänger sollte zunächst Gemüse pflanzen, das leicht gelingt. Dazu gehören Erbsen, Bohnen, Tomaten, Zucchini, Zwiebeln, Kohlrabi, Rote Beete, Pastinaken und Kartoffeln.
Zu den sicheren Sorten gehören auch Salat und Radieschen. Radieschen machen gar keine Probleme, der Salat kann, wenn man Pech hat, Besuch von Schnecken kriegen. Manchmal könnte man meinen, die Schnekken glaubten, man hätte den Salat nur für sie gepflanzt . . .

Runde rote Wurzeln

Geduld braucht ein Gärtner. Geduld, wenn man Samen ausgesät hat, und es zeigt sich nichts. Geduld mit dem Begießen. Geduld mit dem, was langsam wächst, wie zum Beispiel Petersilie (die muß erst sieben Reisen zum Bösen machen!).
Es gibt ein Gemüse für Ungeduldige: Radieschen. Sie zeigen sich schon wenige Tage nach dem Säen oberhalb der Erde. Und es dauert nur vier Wochen von der Saat bis zur Ernte der rosig-roten Radieschen.
Vergiß nicht zu gießen, wenn Regen ausbleibt. Radieschen wollen sehr feuchte Erde, sonst schmecken sie zu scharf. Juni und Juli sollte man keine Radieschen säen, dann gibt es nur Kraut. Aber im August kann man es noch einmal versuchen.

Das erste Gemüse im Frühling

Wenn Radieschen schnell wachsen, so brauchen Pastinaken um so mehr Zeit. Man sät sie zeitig und erntet spät. Die Wurzel hat einen würzigen, süßen Geschmack, der noch besser wird, wenn Pastinaken während der Frostnächte in der Erde bleiben.
Du kannst auch ein paar Pflanzen im Garten überwintern lassen. Sobald der Bodenfrost im Frühjahr aus der Erde ist, kannst du wohlschmeckende weiße Pastinaken ausgraben. Auf diese Weise kannst du schon im März oder April in deinem Garten etwas ernten. Du mußt nur daran denken, sie rechtzeitig aus der Erde zu ziehen; sonst fangen sie wieder an zu wachsen und werden hart.

Den ganzen Sommer über Salat

Es gibt mehrere Sorten Salat, zum Beispiel Kopfsalat, Eissalat und Pflücksalat.
Pflücksalat ist am leichtesten zu ziehen, und an ihm hat man auch am meisten Freude. Man erntet ihn Blatt für Blatt, und dort, wo du ein Blatt gepflückt hast, wächst ein neues.
Du kannst den Salat direkt ins Freilandbeet säen.
Salat wird bitter, wenn er zu trocken ist. Gieß ihn also rechtzeitig, sobald er auch nur ein bißchen schlaff wird. Wenn du im Juli ein zweites Mal säst, hast du den ganzen Sommer über Salat. Salat und Radieschen eignen sich übrigens ausgezeichnet für Balkonkästen.

Erdrauch und Löwenzahn

Plopp, plopp, plopp. Anton wurde von einem anheimelnden Geräusch wach. Plopp, plopp, fielen Regentropfen in die Wassertonne an der Hausecke.

Es regnete. Für den Gärtner ist Regen das schönste Wetter, das es gibt, wenn die Sonne zwei Wochen lang geschienen hat.

Anton stand auf, zog sich an und lief zu Trisse, die gerade dabei war, ihre Morgengrütze zu kochen und Butterbrote zu streichen. Ein Gärtner muß ordentlich was im Magen haben, ehe er an die Arbeit gehen kann.

»Herrlich, endlich kriegen die kleinen Wurzeln so viel zu trinken, wie sie brauchen«, sagte Anton.

»Den Regen brauchten wir wirklich dringend«, sagte Trisse. »Und weißt du, was du tun kannst, wenn es aufgehört hat zu regnen? Du kannst rausgehen und Unkraut rupfen. Unkraut läßt sich viel leichter rausziehen, wenn die Erde naß ist.«

»Unkraut rupfen macht Spaß. Hinterher ist das Beet so schön ordentlich«, sagte Anton.

Hübsches Unkraut

Es gibt viele Arten Unkräuter. Einige sind sehr hübsch, zum Beispiel Echter Erdrauch, Kriechender Hahnenfuß, Löwenzahn und Gänsefuß.

Warum ist es so wichtig, daß man alles Unkraut im Garten ausreißt? Darf man das Schöne nicht einfach stehen lassen?

Nein, aus den Beeten muß alles weg. Sonst gedeiht das Gemüse nicht. Das Unkraut stiehlt den Nutzpflanzen Nahrung, Wasser und Licht. Darum darf man das Unkrautrupfen nicht aufschieben. Und ordentlich muß man es machen.

Wie rupft man Unkraut?

Zuerst kann man mit Hilfe einer Unkrauthacke zwischen den Reihen grob vorarbeiten. Dann muß man sich hinhocken und das Unkraut mit der Hand ausrupfen. Natürlich muß man den Unterschied zwischen Vogelmiere und Mini-Radieschen genau kennen!

Vogelmiere

Die Vogelmiere ist eines der gewöhnlichsten Unkräuter. Dieses niedrige, blattreiche Gewächs leuchtet saftig grün. Die kleine weiße Blüte verschwindet fast in den Blättermassen. Man erkennt die Vogelmiere daran, daß die unteren Blätter einen Stiel haben, während die anderen Blätter direkt am Stengel sitzen. Entlang dem runden, empfindlichen Stengel, der mehrere Dezimeter lang werden kann, sieht man, wenn man eine Lupe nimmt, feine Härchen.
Gibt es dort, wo du wohnst, Hühner? Dann füttere sie mit deinem Unkraut! Hühner und Küken mögen frisch gepflückte Vogelmiere.
Du kannst die Vogelmiere auch einem Käfigvogel geben oder sie selbst aufessen. Leg sie gehackt in Brühe und koch sie fünf Minuten lang, dann hast du eine gute Suppe. Oder misch die frischen Blätter mit Tomaten und Gurken zu einem Salat. Das schmeckt lekker.

Echter Erdrauch

Ein zierliches, hübsches Unkraut heißt Echter Erdrauch. Seine Blätter bestehen aus dünnen grünen Spitzen. Die Blüten sehen aus wie Tüten mit rotem Band. Der Echte Erdrauch kommt aus Südeuropa, aber schon seit vielen tausend Jahren gibt es ihn auch bei uns.

Löwenzahn

Der Löwenzahn ist das Unkraut, das am meisten Kummer bereitet. Er ist groß und springt einem ins Auge und ist schwer wegzukriegen. Dabei sind seine gelben Blüten sehr hübsch! Was wäre eine Wiese ohne Löwenzahn! Wenn diese Pflanze einen anderen Namen hätte und wenn sie seltener vorkäme, würden wir sie sicher sehr schätzen.
Den Namen hat der Löwenzahn von seinen gezackten Blättern, die jung und zart als Salat prächtig schmecken.

Tief stechen!

Und so wird man Löwenzahn los: Stich mit einem langen schmalen Unkrautstecher ein Stück von der Pflanze entfernt in die Erde. Mit dem Unkrautstecher gegen die Wurzel drücken, noch ein bißchen fester drücken – dann löst sich die Wurzel. Die Pflanze mit der Hand herausziehen.
Du mußt mindestens 10 cm tief in die Erde einstechen. Sonst erwischst du nicht die ganze Wurzel, und dann wachsen bald viele neue Löwenzahnpflanzen.

Unkraut aus der Steinzeit

Immer wenn wir Gemüse ziehen, kriegen wir ein wunderbares Gemüse gratis dazu. Ohne daß wir auch nur einen Finger krumm machen müssen.
Das ist der Gänsefuß. Seit mehreren tausend Jahren pflückt und ißt der Mensch Gänsefuß. Um die Wohnstätten aus der Steinzeit findet man immer massenhaft Gänsefußsamen, was darauf hinweist, wie wichtig und beliebt das Gewächs war.
Noch im neunzehnten Jahrhundert verwandte man Gänsefuß oft bei der Essenszubereitung. Dann ist er in Vergessenheit geraten. Das ist schade, denn die Blätter vom Gänsefuß eignen sich ausgezeichnet als Beigabe zur Suppe. Junger Gänsefuß (nicht höher als 15 cm) kann im Ganzen gekocht und als leckeres Gemüse anstelle von Brokkoli oder grünen Bohnen gereicht werden.

Kriechender Hahnenfuß

Der Kriechende Hahnenfuß ist vielleicht das hübscheste aller Hahnenfußgewächse. Er hat dunkelgrüne Blätter und kräftige, glänzende Blüten, die wie lackiertes Gold aussehen.
Aber was für ein lästiges Unkraut! Der Kriechende Hahnenfuß wächst, kaum, daß man ihm den Rücken kehrt. Schnell wirft er eine Ranke hierhin und eine dahin. Bald ist ein ganzes Stück Erde mit den Pflanzen bedeckt. Ein guter Rat: Reiß schnell die erste Pflanze raus!

Lern Gänsefuß kennen

Du erkennst den Gänsefuß an seinem geraden Wuchs. Der Stengel hat oft einen roten Ton. Die Blüten sehen aus wie kleine grünweiße Bälle.
Wie alles Lebendige hat der Gänsefuß einen lateinischen Namen: *Chenopodium album*. Die dreieckigen Blätter ähneln einem Gänsefuß.
Die grauweiße Unterseite der Gänsefußblätter fühlt sich mehlig an. Aber das ist kein Mehl, was du da fühlst, sondern dichte Behaarung. Jedes Härchen endet in einer durchsichtigen runden Blase.
Gänsefuß wächst auf Beeten, zwischen Kartoffeln und um Neubauten herum, ja, überall, wo es aufgeworfene Erde gibt. Möchtest du dieses feine, uralte Gemüse ausprobieren, das man ganz umsonst bekommt und besser als Spinat schmeckt?
Man kann Gänsefuß gut mit Vogelmiere und Brennessel mischen.

Unkraut-Suppe (2 Portionen)

2 dl dicht gepackte Gänsefußblätter
5 dl Wasser
1 Würfel Bouillon (Gemüsebouillon)
½ Eßlöffel weiche Butter
1 Eßlöffel Mehl
2 hartgekochte Eier
Salz

1) Erde von den Blättern abspülen. Verwelkte Blätter entfernen.
2) Das Wasser aufkochen, den Bouillonwürfel und die Blätter hinzufügen. Drei Minuten kochen lassen.
3) Die Blätter herausnehmen und im Mixer zu einer gleichmäßigen Masse hacken. Wenn du keinen Mixer hast, hack sie auf einem Brett. Dann zurück in den Topf.
4) Butter und Mehl in einer Tasse sämig rühren.
5) Die Masse der Suppe hinzufügen. Umrühren, während die Suppe aufkocht. Dann weitere 3 Minuten langsam köcheln lassen.
6) Die Suppe abschmecken. Vielleicht braucht sie etwas Salz? Die Eier schälen und halbieren.
7) Die Suppe servieren. In jeden Teller zwei Eihälften legen. Die Suppe mit Brot, Butter und Käse essen.

Eine Möhre pro Tag

»Daß Möhren so lecker sein können!« Trisse mümmelte eine frisch aus der Erde gezogene kleine Möhre. Sie konnte nie abwarten, bis die Möhren groß genug waren.
»Als ich klein war, hatten wir keinen Garten. Ich ging leidenschaftlich gern mit Freunden nach Hause und holte mir bei ihnen Möhren direkt aus dem Garten. Die schmeckten mir besser als jede Süßigkeit«, erzählte Trisse.
Anton nickte. Eine frische gelbrote Möhre ist schon was Feines, um seine Zähne hineinzuschlagen.
»Versprich mir eins«, sagte er. »Iß nicht alle meine Mini-Möhren auf! Einige müssen stehen bleiben und groß werden.«
»Versprochen«, sagte Trisse lachend.

Frühe und späte Möhren

Es gibt frühe, helle Möhren, die man schon im Juli erntet. Dann erntet man auch die kleinen runden Möhren, die man Karotten nennt.
Außerdem gibt es Wintermöhren, die man im September aus der Erde holt. Sie eignen sich gut zum Lagern.

Unwillkommene Fliege

Der ärgste Feind der Möhren heißt Möhrenfliege. Sie findet es in Ordnung, ihre Eier im Möhrenbeet abzulegen. Die Eier springen auf, und heraus kommen hungrige Larven. Sie fressen die Spitzen junger Möhren, so daß die Möhren absterben. In größeren Möhren fressen die Larven sich vorwärts und hinterlassen schwarze Gänge.
Die Larven verwandeln sich in Puppen, aus denen im nächsten Frühjahr neue Möhrenfliegen schlüpfen.

So sieht die Möhrenfliege in starker Vergrößerung aus. Sie ist hübsch, aber was für ein Elend, sie im Garten zu haben!

Guter Schutz

Hier eine gute Methode, sich gegen die Möhrenfliege zu schützen. Man breitet ein möglichst locker gewebtes Tuch über das Beet. Das hindert die Fliege daran, ihre Eier dort zu legen. Das Tuch kann den ganzen Sommer über liegen bleiben.
Sonnenlicht und Regen können das Tuch durchdringen. Beschwer es mit Steinen, damit es nicht davonfliegen kann.
Dieselbe Methode kann man auch benutzen, um Kohlpflanzen vor Schmetterlingslarven zu schützen (s. S. 13).
Unter dem Tuch ist es warm und feucht und windstill. Das ist gut für das Gemüse, und das trägt dazu bei, daß es ein bißchen schneller wächst. Aber Unkraut wächst natürlich auch unter dem Tuch.
Man kann es auch gegen Frost zu Anfang oder Ende der Pflanzsaison benutzen.

Hübsches Kraut

Man weiß schon lange, daß man Möhren essen kann. Aber es dauerte einige Zeit, bevor die Möhre ein beliebtes Gemüse wurde. Die Griechen verwandten die Möhre schon vor 2000 Jahren als Medizin.
Im sechzehnten Jahrhundert war es in England unter den Hofdamen populär, das Haar oder den Hut mit Möhrenkraut zu schmükken.
Die Frucht selbst wurde als weniger wertvoll angesehen. Sicher schmeckten Möhren damals nicht so gut wie heute, weil man erst später wohlschmeckende Möhren züchtete.

Möhren für den ganzen Körper

Die alten Griechen und viele nach ihnen glaubten, daß man einen großen Penis bekäme, wenn man Möhren aß. Das stimmt nicht. Aber es stimmt, daß Möhren die reinste Gesundheitsnahrung sind. Eine Möhre pro Tag ist eine gute Regel.
Möhren enthalten Ballaststoffe, die gut für die Verdauung sind. Sie sind auch nützlich für die Zähne. Man hat herausgefunden, daß Möhren gegen Karies schützen, das heißt gegen Löcher in den Zähnen.
Schließlich sind Möhren auch für die Augen gut.

Indianer-Gemüse

»Man sollte Zucchini schon wegen ihrer hübschen Blüten anpflanzen«, sagte Anton.

Er und Trisse standen im Garten und bewunderten die tollen gelben Blütentrompeten auf Antons Beet.

»Weißt du, daß man die Blüten essen kann? Man taucht sie in dünnen Pfannkuchenteig und backt sie in heißem Öl goldbraun. Wenn man sie dann in Zucker rollt, schmecken sie wie der leckerste Kuchen«, sagte Trisse. Man hörte eine kleine Sehnsucht nach zuckrigen Blütenblättern in ihrer Stimme.

Anton dachte darüber nach, was Trisse gesagt hatte. Sollte er ein paar Blüten opfern?

»Das klingt gut«, sagte er. »Willst du welche pflücken und uns Blütenkuchen machen? Jetzt gleich?«

»Und ob ich das will!« sagte Trisse.

Ein uraltes Gemüse

Squash ist der amerikanische Name eines sehr, sehr alten Gemüses. Anton nannte es Indianer-Gurke. Das ist gar nicht so dumm. Zucchini sind mit der Gurke verwandt. Es waren die Indianer, die Zucchini als erste anpflanzten. Sie nannten das Gemüse *askoot-asquash,* und das bedeutet »kann roh gegessen werden«.

Zucchini waren vermutlich das erste Nutzgemüse, das von Indianern in Nordamerika angepflanzt wurde. An zwei Stellen am Illinois-Fluß, einem Fluß im Staat Illinois, hat man 7000 Jahre alte Schalenstückchen von Zucchini gefunden.

Kleine Gewächshäuser

Zucchini sind leichter als Gurken zu pflanzen, denn Zucchini brauchen nicht so viel Wärme. Aber natürlich wollen sie es auch warm und sonnig haben. Frost vertragen sie nicht.
Wenn man früh ernten will, sät man die Samen drinnen aus und setzt die Pflanzen später ins Freilandbeet. Sonst kann man Mitte Mai direkt ins Freilandbeet säen.
Die erste Zeit kann man jede Pflanze als Schutz gegen Kälte mit einem eigenen »Gewächshaus« versehen. Man steckt einfach eine Plastiktüte wie ein Zelt über jede Pflanze.

Klein, aber fein

Zucchinipflanzen werden enorm groß und tragen viele Früchte. Setz die Samen deswegen sehr weit voneinander entfernt. Eine Pflanze pro Person im Haushalt ist ausreichend.
Die Frucht der gewöhnlichen Zucchini gleicht einer grünen Gurke. Es gibt aber auch runde Formen, zum Beispiel Apfelzucchini.
Die Italiener lassen die Früchte nie schwerer als 100–150 g werden. Ernte auch du deine klein, höchstens 15 cm lang. Dann sind sie am saftigsten, leckersten und besten. An einer Pflanze sitzen so viele Früchte, daß wir es uns erlauben können, die kleinen, feinen Früchte zu pflücken.
In Scheiben geschnittene Zucchini sind lekker auf dem Butterbrot. Sie schmecken auch gut im Salat.

Musik für die Zucchini

Pflanzen mögen Musik. Das hat man in den USA entdeckt. Man weiß auch, daß es nicht irgendeine Musik sein darf. Ein Experiment hat bewiesen, daß Zucchini klassische Musik lieben!
Acht Wochen lang spielte man klassische Musik für eine Gruppe Zucchinipflanzen. Genauso lange spielte man Rockmusik für eine andere Gruppe Zucchinipflanzen.
Und was geschah? Die Pflanzen, die Mozart und Brahms hören durften, wandten sich entzückt dem Lautsprecher zu. Sie beugten sich der Musik entgegen und schienen sie zu genießen! Aber die anderen Zucchini, die Rock ausgesetzt waren, wandten sich vom Apparat ab. Pfeif also ein hübsches Lied, wenn du deine Zucchini besuchst. Wenn du Gitarre spielen kannst, hast du dein Glück als Gärtner gemacht. Es scheint nämlich so, als ob die meisten Pflanzen Gitarrenmusik liebten. Hardrock scheint ihnen äußerst zu mißfallen.

Helfer in der Erde

Als Anton Lauch anhäufelte, sah er ihn: einen langen, fetten, graubraunen Regenwurm.
Anton zuckte ein bißchen zurück. Wer mag schon nähere Bekanntschaft mit einem Regenwurm machen! Anton jedenfalls nicht!
»Wegen eines Regenwurms muß man sich doch nicht so anstellen«, sagte Trisse und schnaubte verächtlich durch die Nase. »Begrüß ihn lieber freudig. Ein Gärtner sollte sich über jeden Regenwurm freuen, denn der Regenwurm ist der beste Freund der Gärtner. Je mehr Regenwürmer du dazu bringst, in deinem Beet zu wohnen und sich wohl zu fühlen, um so besser wird die Erde und um so besser gedeiht dein Gemüse.«
Da machte Anton eine höfliche Verbeugung und sagte: »Guten Tag, lieber Regenwurm!«

Regenwürmer – die wichtigsten Tiere

So klein sie sind, und obwohl sie fast kein Gehirn haben, so sind die Regenwürmer doch sehr wichtige Gartenarbeiter. Ohne sie wird der Mensch nicht fertig.
Was tun diese tüchtigen Tiere? Ja, sie graben Gänge, die die Erde auflockern und Regenwasser einleiten. Sie fressen Laub, trockenes Gras und andere tote Pflanzenteile, die sie in nahrungsreichen Dünger für den Boden verwandeln.
Ein Regenwurm ist dauernd damit beschäftigt, sich aufwärts oder abwärts durch die Erde zu bohren. Er geht nach oben, um sich zum Beispiel ein Blatt zu holen, das er wie eine Tüte zusammenrollt. Damit zieht er sich wieder in die Erde zurück, um das Blatt aufzufressen. Wenn er seine Mahlzeit beendet hat, arbeitet er sich wieder nach oben, um seinen Kot abzulegen und neue Nahrung zu suchen.
Die kleinen Häufchen, die die Würmer hinterlassen und die du vielleicht schon mal auf dem Rasen gesehen hast, enthalten reinsten Humus!
Fressen, koten, Tunnel bohren – das ist das Leben eines Regenwurms.

Männchen und Weibchen zugleich

Es gibt fünfzehn Arten Regenwürmer in unseren Breiten. Auf der ganzen Welt gibt es ca. 1800 Arten! Die Würmer können braun, grau, grün, rot, rosa, hellblau oder gelbrotgestreift sein.

Der Regenwurm, der in unserem Garten am häufigsten vorkommt, ist dünn wie ein Bleistift, grau-braun-rosa, und er wird 5 bis 15 cm lang. Erwachsene Regenwürmer haben einen wunderhübschen knochenweißen oder leuchtend gelben Streifen um die Mitte.

Ein Regenwurm ist Männchen und Weibchen zugleich. Aber trotzdem müssen sich zwei Würmer miteinander paaren, damit es kleine neue Würmer gibt.

Es dauert fast ein Jahr, bis Wurmkinder erwachsen sind und selbst Kinder kriegen können.

Ein abgeschnittener Wurm wächst nach

Der graue Regenwurm kann zehn Jahre alt werden – wenn ihm nichts passiert. Aber ihm passiert dauernd was. Gewöhnlich wird ein Regenwurm nur wenige Jahre alt. Füchse, Maulwürfe, Spitzmäuse, Schnecken mögen gern Regenwürmer zum Mittag. Auch viele Vögel und Insekten.

Wenn ein Tier einem Regenwurm nur das Hinterteil abbeißt, macht das nicht viel. Dem Wurm wächst bald ein neues. Der Maulwurf pflegt sich ein großes Vorratslager von Regenwürmern anzulegen. Er beißt ihnen den Kopf ab, um zu verhindern, daß die Würmer abhauen. Trotzdem darf der Maulwurf sich nicht zu lange von seiner lebendigen Speisekammer entfernen. Auch der Kopf kann nachwachsen, und die Regenwürmer fliehen natürlich, sobald sie eine Gelegenheit haben.

Ein weiches Bett im Gartenbeet

»Aua, das brennt ja!« Anton zog seine Hand schnell zurück. Es war heiß in dem Grashaufen, den er vor einigen Tagen zusammengekehrt hatte. Als ob jemand ein Feuer da drinnen angemacht hätte. Aber wer? Und warum?
»Die Wärme kommt von mehreren Millionen kleiner Pilze und Bakterien, die im Grashaufen arbeiten«, erklärte Trisse. »Jetzt verteilen wir das geschnittene Gras um die Möhren und Kohlrüben. Wir könnten es auch auf den Komposthaufen legen. Jeder Gärtner mit Selbstachtung hat einen Komposthaufen.«
Und dann zeigte sie Anton, wie man kompostiert und mulcht.

Warum wird es heiß in einem Grashaufen?

Mikro bedeutet winzig klein. Mikroben nennt man gewisse Pilze und Bakterien. Sie sind so klein, daß man sie mit bloßem Auge nicht sehen kann. Um eine Mikrobe sehen zu können, müßte man sie unter ein Mikroskop legen und sie tausendmal vergrößern.

Mikroben haben die Fähigkeit, das geschnittene Gras anzugreifen und zu vernichten. Diese Vernichtung bewirkt, daß Gras, das wir zu einem Haufen zusammengeharkt haben, innerhalb einer Woche in graue Halme mit ascheähnlicher Oberfläche verwandelt wird.
Wenn wir Menschen hart arbeiten, wird uns warm und wir schwitzen. Genauso ist es mit den Mikroben. Sie schwitzen natürlich nicht, aber sie geben Wärme ab, während sie arbeiten. Und weil sie so viele sind – in einem Liter geschnittenem Gras sind mehrere Milliarden Mikroben enthalten –, entsteht Wärme in einem Grashaufen, der ein paar Tage liegt.
Es kann bis zu 70° C warm in so einem Haufen werden!
Dasselbe passiert mit frischem Dünger. Du hast vielleicht schon mal gesehen, daß es aus dem Misthaufen vorm Stall dampft. Es sind hart arbeitende Mikroben, die den Dampf verursachen.

Betten und Zudecken

Viele breiten ihr geschnittenes Gras direkt auf den Beeten aus. Sie schichten Lager für Lager Gras auf die Erde. Ja, man deckt die Kohlpflanzen und Möhren richtig zu, so daß sie eingebettet in einer Decke von trockenem Gras wachsen.

Das nennt man *mulchen*.

Wenn man kein Gras hat, kann man die Pflanzen auch mit Heu, Gemüsekraut oder altem Laub zudecken.

Wenn man die Erde so bedeckt, erreicht man mehreres:

- Unkraut hat es schwerer, Halt zu finden. Die Unkrautsamen, die der Wind mitbringt, kommen gar nicht erst mit Erde in Berührung.
- Die Erde bleibt länger feucht, und das ist gut für die Pflanzenwurzeln, die keine Trockenheit vertragen.
- Man braucht die Erde nicht aufzulockern.
- Die Decke wird mit der Zeit in nahrungsreichen, wertvollen Humus verwandelt.

Jeden Sommer ziehen die Regenwürmer einen großen Teil der Deckschicht in die Erde. Jedes Jahr muß man deshalb eine frische Schicht über die Erde breiten und die Beete neu bedecken.

Hübsch oder praktisch?

Wenn das so eine außerordentlich gute Methode ist, warum machen das nicht mehr Gärtner? In den meisten Gärten ist die Erde nackt. Vögel holen Regenwürmer aus dem Boden, Unkraut wächst, und die Sonnenstrahlen brennen.

Wie so oft muß man das Praktische gegen das Schöne abwägen. Es gibt Leute, die finden, daß Mulchen den Garten furchtbar häßlich macht. Ihnen gefällt er besser mit nackter, brauner Erde.

Neues Gemüse aus alten Blättern

Kompostieren bedeutet mischen. Kompott und Kompost haben denselben Wortstamm. Ein Fruchtkompott ist eine Mischung aus verschiedenen Früchten. Im Komposthaufen ist von allem, was im Garten wächst, etwas drin.

Was man alles auf den Kompost tun kann

Zum Kompost kann man zum Beispiel welke Blätter, Gras, Zweige von der Hecke, Pferdeäpfel, Rhabarberblätter, Möhrenkraut, Kartoffelschalen, ausrangierte Topfpflanzen, alte Blumenerde, Apfelgehäuse, leere Eierschalen, benutzte Teebeutel, abgenagte Maiskolben, Asche, Sägespäne, Tang und gelesene Zeitungen werfen.
Kurz gesagt, fast alles!

Was man nicht auf den Kompost tun darf

Wirf keine kranken Pflanzenteile oder Gewächse mit Ungeziefer auf den Kompost, auch kein Glas, Plastik oder Stoff.

Wo soll der Komposthaufen sein?

Man kann seinen Komposthaufen direkt auf der Erde in einer schattigen Ecke in seinem Garten anlegen. Man sammelt im Frühling, Sommer und Herbst dafür. Dann muß er den ganzen Winter, den nächsten Frühling und Sommer ungestört bleiben. Im Herbst ist es soweit, man kann die entstandene Komposterde auf den Beeten verteilen.
Während der Wartezeit sammelt man auf einem neuen Komposthaufen daneben.

Was geschieht im Komposthaufen?

Man kann den Kompost mit einer Fabrik vergleichen. Die Ware, die in dieser Fabrik hergestellt wird, ist Komposterde. Ein sehr schönes und wertvolles Produkt.

Die Zutaten kennst du schon. Vorarbeiter der Fabrik bist du. Du hast den Kompost gesammelt und wirst ihn mit der Zeit im Garten verteilen.
Wer sind die Arbeiter dieser Fabrik?
In erster Linie sind das die Komposttiere: Tausendfüßer, Kellerasseln, Springschwänze und viele andere, die du auf der nächsten Seite sehen kannst. Sie zerbeißen und fressen das Material im Komposthaufen. Es kommt natürlich wieder heraus: als Kot.
Und dann sind da noch die Mikroben, die Milliarden Bakterien und kleinen Pilze im Kompost.
Den Mikroben ist es zu verdanken, daß es so behaglich warm im Kompost ist, daß die Kellerasseln und anderen Tiere sich wohl darin fühlen.
Die Mikroben greifen auch den Inhalt im Kompost an und tragen dazu bei, daß er vermodert.
Schließlich ist der Kompost in gleichmäßige, wohlduftende, dunkelbraune Erde verwandelt.

Erde, die Gold wert ist

Schöne braune Komposterde ist etwas, worüber man glücklich sein kann. Solche Erde ist nämlich sehr nahrhaft. Es gibt nichts Besseres, was man unter die Gartenerde mischen kann, wenn man möchte, daß das Gemüse gedeiht.

Der Kreislauf im Kompost

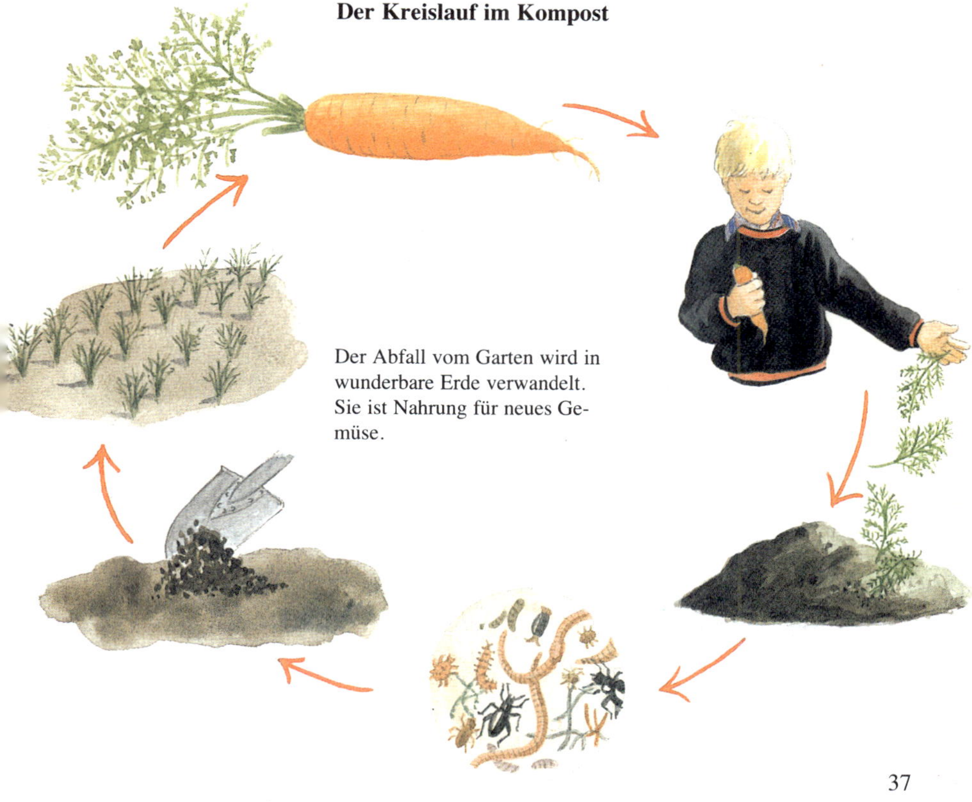

Der Abfall vom Garten wird in wunderbare Erde verwandelt. Sie ist Nahrung für neues Gemüse.

Ein Blick in den Gartendschungel

Traust du dich, die Hand tief in den Kompost zu stecken? Da drinnen ist es warm und feucht. Fast so warm und feucht wie in einem Dschungel.
Und genau wie im Dschungel schleichen überall Raubtiere und andere wilde Tiere herum. In diesem Dschungel sind sie natürlich sehr klein. Dafür sind es aber sehr viele.
Nimm einen halben Liter halbvermoderter Komposterde und breite sie auf einem Gartentisch aus, den du zuvor mit einem Stück Papier bedeckt hast.
Mit scharfen Augen und einem guten Vergrößerungsglas findest du viele der Tiere, die hier nebenan abgebildet sind. Auf den Bildern sehen sie ziemlich groß aus, aber in Wirklichkeit sind die meisten Tiere im Kompost sehr klein. Manche kann man nicht einmal mit dem bloßen Auge sehen.
Ameisen und Würmer erkennt man leicht. Die Topfwürmer sind verwandt mit den Regenwürmern. Um die kleinen Fadenwürmer, die auch *Nematoden* genannt werden, zu erkennen, braucht man ein kräftiges Vergrößerungsglas. Ein Nematodenexperte hat einmal in einem verfaulten Apfel 90000 Nematoden gezählt.
Schnecken und Nacktschnecken kriechen auch gern in einem Komposthaufen herum und suchen nach Nahrung. Kellerasseln, die mit den Krebsen verwandt sind, finden sich gewöhnlich auch im Kompost, solange er feucht ist, und die Larven von Schmetterlingsmücken.

Akrobaten

Die sechsbeinigen Springschwänze kann man mit Akrobaten vergleichen. Wenn sie auf ein Hindernis stoßen, hüpfen sie einfach geradewegs in die Luft und landen ein Stück weiter. Das können sie dank eines federähnlichen Mechanismus' unter dem Bauch. Einige Springschwänze fressen Nematoden, andere fressen Pilze, altes Herbstlaub und anderes. Springschwänze sind säuberliche Tiere und putzen sich genau wie die Katze, wenn sie gefressen hat.

Fressen oder gefressen werden

Milben sind kleine, runde Spinnentiere mit acht Beinen. Kompostmilben fressen Bananenschalen, Kaffeesatz, verwelkte Tulpen und andere Leckereien, die sie im Kompost finden. Schmarotzermilben leben von Nematoden, Insektenlarven und wiederum anderen Milben. Fressen oder gefressen werden – der Kompost ist eine eigene Welt.

Es gibt noch ein Raubtier, auf das man oft im Kompost stößt. Das ist der Tausendfüßer. Seine kräftigen Klauen haben Drüsen, die ein Gift enthalten. Das benutzt er, um das Insekt oder den Wurm zu lähmen – je nachdem, was ihm über den Weg kommt, wenn Essenszeit ist. Um es genau zu sagen: Es gibt zwei Arten von Tausendfüßern: Die eine ist der Hundertfüßer, der andere Tiere betäubt und sie frißt. Er hat an jedem Teil oder Segment seines Körpers ein Paar Beine.

Der Cousin dieses Tausendfüßers wird Doppelfüßer genannt, denn er hat zwei Paar Beine an jedem Segment. Und trotzdem bewegt er sich langsamer als sein Verwandter. Doppelfüßer leben überwiegend von Blättern und anderen Pflanzenteilen.

Andere Kompostraubtiere sind Erdläufer, Goldstreifiger Moderkäfer und Afterskorpion.

Der Afterskorpion jagt Milben, Nematoden und Larven, indem er sich an seine Beute anschleicht und blitzschnell seine Klauen hineinschlägt. Genau wie der Hundertfüßer spritzt er ein lähmendes Gift und erspart sich dadurch, mit seiner Nahrung zu kämpfen. Der Afterskorpion hat keinen Giftstachel am Hinterteil, aber sonst sieht er haargenau aus wie ein Skorpion. Er gehört aber zu den Spinnen.

Das Ende

Was passiert, wenn Erdläufer oder Hundertfüßer und all die anderen Tiere ihre letzte Mahlzeit im Komposthaufen gefressen haben und sterben? Sie werden aufgefressen und einer nach dem anderen in Kot verwandelt. So enden alle als Komposterde.

Erbsen, Bohnen und Kirschblüten

»Guck mal, sehen die Bohnen nicht aus wie schlafende Babys, die sich in weißen, weichen Samtbetten zusammenkuscheln?«
Trisse saß am Tisch und palte Saubohnen aus, die sie gerade gepflückt hatte. Unter ihre Baskenmütze hatte sie sich ein Tomatenblatt gesteckt. Damit wollte sie Fliegen, Wespen und andere fliegende Insekten fernhalten, die Tomatengeruch verabscheuen.
Wenn man Bohnen auspalt, öffnet man die Schote und nimmt die Bohnen heraus. Saubohnen muß man palen, weil die zähe Schale nicht eßbar ist.
Anton und Marie fanden auch, daß die Schoten wie weiche Betten aussahen.
»Saubohnen auspalen macht Spaß, weil es so schnell geht. Erbsen auspalen macht nicht solchen Spaß«, sagte Trisse.
»Nein, und deswegen hab ich Zuckererbsen angepflanzt, die kann man mit der Schote essen«, sagte Anton.

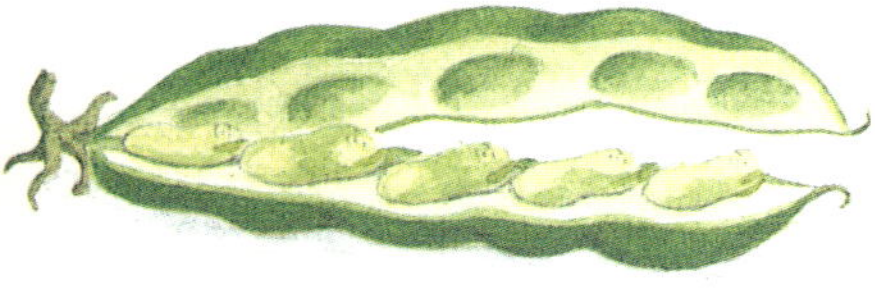

Das Signal für die Aussaat

Für Bohnen ist kalte und feuchte Erde das Schlimmste; darum kann man Bohnen nicht genauso früh säen wie anderes Gemüse. Man muß warten, bis die Erde sich erwärmt hat und etwas getrocknet ist. Sonst faulen die Bohnen. Wenn Kirschen und Faulbaum blühen und duften, ist es Zeit für die Bohnen.

Brechbohnen

Brechbohnen sind sehr lecker. Sie sind auch leicht anzupflanzen. Man bekommt nämlich immer viele Bohnen.
Es gibt eine Sorte Bohnen, die kann man ernten, wenn sie noch ganz dünn sind. Diese kleinen Bohnen haben einen französischen Namen. Sie heißen *haricots verts,* das bedeutet grüne Bohnen.
Es macht Spaß, Bohnen zu pflücken. In der Saison kann man jeden zweiten Tag ernten, sonst werden die Bohnen zu groß.

Hoch und niedrig

Wachsbohnen sind ähnlich wie Brechbohnen, aber sie sind gelb. Es gibt hohe und niedrige Wachs- und Brechbohnen.
Stangenbohnen nennt man die hohen, kletternden Sorten. Sie brauchen Stangen, an denen sie hochranken können, die ungefähr 1,5–2 m lang sind. Junge Erlen, von denen man alle Zweige abschneidet, eignen sich gut dafür. Die niedrigen Pflanzen sehen aus wie kleine Büsche. Sie brauchen keine Stütze.

Ein grünes Zelt

Lehne 5 Stangen gegeneinander. Bitte einen Erwachsenen, die Stangen in den Boden zu drücken und sie an der Spitze zusammenzubinden.
Steck neben jeder Stange zwei Bohnen in die Erde. Bald hast du ein grünes Zelt mit schlängelnden Bohnenstengeln.

Netz für Zuckererbsen

Zuckererbsen müssen genau wie Stangenbohnen gestützt werden. Aber als Stütze genügt ein Maschendraht. Man spannt ihn zwischen zwei kräftigen Stökken. Dann setzt man die Erbsen am Draht entlang. Die Pflanzen haben zarte Ranken, die sich am Draht festklammern. Wenn sie noch klein sind, muß man ihnen ein bißchen helfen, Halt zu finden. Später schaffen sie es allein.
Aus den weißen Erbsenblüten werden grüne, hübsche Erbsenschoten. Roh essen oder leicht kochen.

Damit es ein hübsch blühendes Zelt wird, kannst du außerdem einige Wicken oder Feuerbohnen bei jeder Stange säen.

Stickstoff aus der Luft

Bohnen und Erbsen haben eine phantastische Eigenschaft: Sie können sich selbst den Stickstoff beschaffen, den sie brauchen. Stickstoff ist ein Nährstoff, den man Pflanzen sonst in Form von Dünger zuführt.
Hülsenfrüchte, das ist der gemeinsame Name für Bohnen und Erbsen, holen ihren Stickstoff aus der Luft. Das ist durch gewisse Bakterien möglich, die es in der Erde gibt. Diese Bakterien sind in der Lage, den Stickstoff aus der Luft aufzunehmen, zu Pflanzennährstoff zu verarbeiten und in Knöllchen (an den Wurzeln) zu speichern. Wenn du eine Pflanze im Herbst ausgräbst, kannst du die Knöllchen leicht erkennen.

Saubohnen

Brechbohnen

Wachsbohnen

Zuckererbse

Kartoffelfest

Es duftete unverkennbar nach Dill in Trisses Küche. Zeit für ein Festmahl. Anton schnitt Schnittlauch, und Trisse filetierte zwei Matjes-Heringe. Auf dem Herd kochten frisch geerntete Kartoffeln, bedeckt mit Dillstengeln. Für die beiden Gärtner war es Zeit, die erste Ernte des Sommers zu kosten. »Den Indianern haben wir viel zu verdanken«, sagte Trisse.
»Tomaten und Mais zum Beispiel«, sagte Anton. Er war stolz, daß er das wußte.
»Ja, aber auch die herrlichen Kartoffeln«, sagte Trisse. »Das Heimatland der Kartoffel ist Peru. Als die spanischen Eroberer im sechzehnten Jahrhundert nach Peru kamen, brachten die Indianer ihnen bei, Kartoffeln zu essen. Die Spanier nahmen die Kartoffeln mit nach Hause zu König Philipp II., der sich sehr dafür interessierte. Aber es dauerte lange Zeit, ehe der einfache Mann in Europa einsah, wie gut Kartoffeln sind.«

Kartoffeln vorkeimen lassen

Stell dir vor, die ersten eigenen Kartoffeln aus dem Garten auszugraben! Das ist ein Tag, nach dem man sich sehnen kann. Damit er schneller kommt, kann man die Kartoffeln vorkeimen lassen.
Leg Kartoffeln in einen leeren Eierbehälter. Laß den Karton einen Monat lang an einem Fenster mit viel Sonne stehen. Wenn du die Kartoffeln Anfang Mai ins Freilandbeet setzen willst, mußt du sie Anfang April in den Karton legen.
Wenn die Kartoffeln in der Sonne liegen, kommen nach kurzer Zeit Keime aus den »Augen« der Kartoffeln. Wenn sich Blätter an den Keimen bilden, kannst du sie hinauspflanzen, und bald schon kommt grünes Kartoffelkraut aus der Erde.

Kartoffeln setzen

Wenn die Erde sich im Frühling erwärmt hat, ist es Zeit, Kartoffeln zu setzen. Man macht eine Grube, legt die vorgekeimten Kartoffeln ca. 5–10 cm tief hinein und deckt sie mit Erde zu. Zwischen den Kartoffeln müssen 25 cm Abstand bleiben. Wenn man mehrere Reihen anpflanzt, müssen 50 cm Abstand zwischen den Reihen sein. Eine große Setzkartoffel kann man in der Mitte teilen. Du mußt nur darauf achten, daß jede Hälfte einen Keim hat.
Kartoffeln brauchen viel Sonne, damit sie gut wachsen und lecker werden. Wähl also einen schönen, sonnigen Platz aus.

Kartoffeln im Blumentopf

Wenn du kein eigenes Kartoffelbeet hast, setz sie statt dessen in ein Blumenbeet. Zwischen Löwenmäulchen und Rittersporn braucht sich die Kartoffel mit ihren hübschen Blüten nicht zu schämen.
Oder setz eine Kartoffel in einen großen Blumentopf oder Balkonkasten. Vergiß nicht, Kartoffeln auch im Topf anzuhäufeln, indem du mehr Erde hinzufügst. Denk auch daran, die Pflanze von Zeit zu Zeit zu gießen.
Kartoffeln, die im Freien wachsen, brauchen nur gegossen zu werden, wenn der Sommer sehr trocken ist.

Wähl die richtige Kartoffel

Damit einem die Kartoffelpflanzung ganz sicher gelingt, sollte man frische, gute Kartoffeln wählen.
Bestimmte Sorten sind gegen Krankheiten widerstandsfähiger als andere. Und es gibt festkochende Kartoffeln und solche, die eher mehlig werden. Ganz nach Geschmack!

Blaue Kartoffeln

Es gibt viele alte und neue Kartoffelsorten. Eine der aufregendsten Sorten heißt Kongo. Diese Kartoffel ist außen schwarz wie schwarze Johannisbeeren und innen lilablau.
Blaue Kongo mit gelbem Mais und hellgrünen Zuckererbsen sind sehr hübsch auf einem weißen Teller. Gar nicht davon zu reden, was für eine wunderbare blaue Farbe der Kartoffelbrei kriegt!

Kartoffeln anhäufeln

Sobald das Kartoffelkraut aus der Erde guckt, mußt du die Kartoffeln anhäufeln: Häufle Erde um die Pflanze herum an, damit die Knollen vor Licht geschützt sind. Sonst werden die Kartoffeln grün und bilden ein Gift, das *Solanin* heißt. Alle grünen Kartoffeln gehören auf den Komposthaufen!

Grüne Magie

»Was man selbst anpflanzt, schmeckt viel besser als das, was man kauft«, sagte Anton.
Er und Trisse hatten gerade die Ernte des Tages probiert: bleiche, gelbe Wachsbohnen, die gerade richtig waren, nicht zu hart und nicht zu weich.
»Selbstgezogenes Gemüse ist das beste«, sagte Trisse, »am besten und am gesündesten. Man kann seine Bohnen direkt vom Strauch in den Topf pflücken. So frisches Gemüse bekommt man nicht, wenn man keinen Garten hat.«
»Und man weiß auch, daß es nicht mit Gift besprüht ist«, sagte Anton.
»Das ist sehr wichtig«, sagte Trisse. »Wie ist es, möchtest du vielleicht ein bißchen darüber hören, was die Leute früher von Erbsen und Bohnen glaubten?«
»Ich bin ganz Ohr«, sagte Anton, denn das sagte sein Papa immer, wenn er etwas Bestimmtes hören wollte.

Die guten Geister der Pflanzen

Findhorn heißen die großen berühmten Gärten in Schottland. In einem Buch, das »Die Gärten Findhorns« heißt, kann man nachlesen, daß jede Blume, jedes Unkraut und Gemüse einen kleinen guten Geist hat. Wenn man freundlich zu diesen Geistern ist, gedeiht das Gemüse gut.
Aber was sagt der gute Geist, wenn man kleine Salatpflanzen ausreißt, weil man sie verziehen muß? Nichts, denn der gute Geist weiß, das muß man tun, weil nur die kräftigsten Pflanzen überleben können.
Aber protestiert der gute Geist des Löwenzahns nicht, wenn man all seine Blumen ausreißt? Nun ja, wenn man Unkraut rupfen will, sollte man immer erst ein bißchen mit den Pflanzen sprechen, damit sie vorbereitet sind. Dann geht es gut. Das steht jedenfalls in dem Buch über Findhorns Gärten.

Mit Erbsen in die Zukunft schauen

Vielleicht möchte ein junges Mädchen wissen, wen es einmal heiraten wird. Dann muß sie eine Erbsenschote mit neun Erbsen – nicht mehr und nicht weniger – über der Haustür befestigen. Dann braucht sie nur zu warten, welcher Mann als erster zur Tür hereinkommt. Der Bräutigam des Mädchens wird genau denselben Namen wie dieser Mann haben.

Aberglaube um Bohnen

In Schottland hat man nie daran geglaubt, daß Hexen auf dem Besenstiel reiten. Man hat statt dessen geglaubt, sie reisen auf einem Bohnenstengel durch den Weltraum.
Vor gar nicht langer Zeit pflegte man in Nordengland Saubohnen zu einer Leiche in den Sarg zu legen. Vielleicht hängt das damit zusammen, daß man früher glaubte, die tote Seele ziehe in die Blüte einer Saubohne.

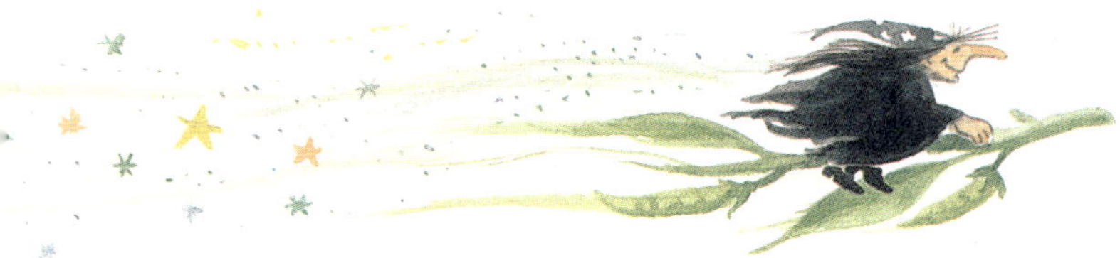

Erbsen als Mittel zum Unsichtbarwerden

Erbsen sind ein gutes Zaubermittel. Wenn man früher die Geister toter Verwandter und Freunde sehen wollte, nahm man ein paar Erbsen in den Mund und ging nachts in die Kirche. Dann sollten sich die Geister sofort zeigen.

Karfreitagnacht ist eine ganz besondere Nacht. Sie eignet sich für allerlei Hokuspokus. Wer gern unsichtbar sein möchte, sollte einmal diesen alten Trick ausprobieren:

Man nimmt einen Totenschädel und füllt ihn in einer Karfreitagnacht mit Erde. Dann legt man einige Erbsen obenauf.

Den Schädel vergräbt man nah bei der Kirche, wenn gerade Regen vom Kirchendach tropft. Dort werden Pflanzen wachsen, die mit der Zeit reife Erbsen tragen. Wer diese Erbsen ißt, bekommt die Fähigkeit, unsichtbar zu werden, wann immer er will.

Gefährliche Blüten

In Dorset in England pflegte man zu sagen, wer im März hustet, der wird nicht wieder gesund, ehe die Saubohnen blühen.

Die Blütezeit der Bohnen wurde früher als gefährlich angesehen. Man glaubte, daß die Bohnenblüte den Verstand der Menschen beeinflußt. Wer eine ganze Nacht in einem blühenden Bohnenfeld schlief, konnte schreckliche Alpträume bekommen oder sogar verrückt werden.

Auch in Frankreich hat man lange geglaubt, daß die Menschen durchdrehen, wenn sie den Duft von Bohnenblüten riechen.

Antons grünes Kochbuch

Lauchsuppe (4 Portionen)

2 mittelgroße Lauchstangen
4 mittelgroße Kartoffeln
1 l Wasser
1 Prise Salz
2 Teelöffel Butter
1 dl feingehackte Petersilie

1) Den Lauch vorbereiten, das heißt häßliche Teile von der oberen grünen Spitze und eine dünne Scheibe am unteren Ende abschneiden, mit der Wurzel.
2) Dann einen Längsschnitt bis zur Mitte in den Lauch machen. Jetzt kannst du den Lauch aufbiegen und auch die inneren Blätter von den Erdresten befreien.
3) Den Lauch in ½ cm dicke Scheiben schneiden.
4) Die Kartoffeln schälen und sie in ungefähr ½ cm dicke Scheiben schneiden.
5) Alle Zutaten außer Petersilie in einem Topf mischen, aufkochen und 15 Minuten zugedeckt leise köcheln lassen.
6) Die Suppe quirlen, damit sie sämig wird. Abschmecken. Petersilie hineinrühren und servieren. Dazu schmecken Käsebrote.

Indianerpfannkuchen (2 Portionen)

2 dl grob geriebenen Zucchini
2 Eier
1½ dl Weizenmehl
1 dl Milch
½ Teelöffel Salz
Butter

1) Die Zucchini reiben. Die geriebenen Zucchini zwischen doppelte Lagen Haushaltspapier legen, vorsichtig drücken, damit das Papier viel von der Feuchtigkeit aufnimmt.
2) Zucchini, Eier, Salz, Mehl und Milch zu einem grünen Teig zusammenrühren.
3) Ein bißchen Butter in einer Pfanne erhitzen. Gut hinhören! Die Butter muß zischen, dann still sein und nur ein wenig braun werden.
4) Mit einem Löffel kleine Portionen vom Teig in der Pfanne verteilen und die Pfannkuchen von beiden Seiten braten. Mit Crème fraîche und geriebenen Möhren servieren.

Salat »Lachender Mohikaner« (4 Portionen)

2 kleine Zucchini
4 Tomaten
1 dl gehackte Petersilie
1 dl Schnittlauch
2 dl Mais (aus der Dose)
12 Salatblätter
Salatsoße:
½ Eßlöffel Rotweinessig
2 Eßlöffel Öl
1 Prise Salz
1 Prise Pfeffer

1) Das frische Gemüse unter fließendem Wasser abspülen. Den Mais abtropfen lassen.

2) Die Zucchini in Scheiben schneiden. Die Scheiben zu Halbmonden schneiden.
3) Die Tomaten achteln. Petersilie und Schnittlauch schneiden.
4) Zucchini, Tomaten, Mais, Petersilie und Schnittlauch in eine Schüssel geben.
5) Essig, Öl, Salz und Pfeffer mit einer Gabel in einer Tasse zusammenrühren. Die Soße über das Gemüse gießen. Mischen.
6) Die Salatblätter um den Rand einer flachen Salatschüssel legen. Die Gemüsemischung in die Mitte geben. Fertig zum Servieren!
Tip: Dieser Salat plus gekochte Eier und einige Butterbrotstullen eignet sich hervorragend als Proviant für einen Ausflug!

Rote Spaghettisoße (2 Portionen)

8 gute Tomaten
1 Zwiebel
1 Möhre
1 Eßlöffel Butter
1½ Teelöffel Selleriesalz
1 Teelöffel Basilikum

1) Die Tomaten abbrühen: Man läßt sie eine Minute in einem Topf mit kochendem Wasser, gerade so viel, daß die Tomaten zugedeckt sind. Dann die Tomaten mit einer Gabel herausnehmen und mit einem Messer schälen.
2) Die Tomaten achteln.
3) Die Zwiebel schälen und feinhakken.
4) Die Möhre abspülen, kleinschneiden.
5) Zwiebel und Möhren einige Minuten in einem Topf in der Butter köcheln lassen. Sie dürfen nicht braun werden.
6) Die Tomaten hinzugeben. Mit Salz und Basilikum würzen. Eine halbe Minute zugedeckt kochen lassen. Abschmecken.
7) Die Soße zu Spaghetti oder Makkaroni zusammen mit geriebenem Käse und gebratenen Champignons servieren.

Der grüne Auflauf (4 Portionen)

750 g frischer Brokkoli
1 l Wasser
2 Teelöffel Salz
3 dl geriebener Käse
250 g Frischkäse

1) Den Backofen auf 250°C vorheizen.
2) Das Wasser aufkochen, salzen und dann den Brokkoli hinzufügen.
3) Den Brokkoli ca. 10 Minuten zugedeckt kochen lassen (mit einem Streichholz prüfen, ob das grüne Fleisch weich genug ist).
4) Abtropfen lassen. Den Brokkoli in eine feuerfeste Schüssel legen.
5) Den Käse reiben, mit Frischkäse mischen. Die Käsemasse über den Brokkoli breiten.
6) Die Schüssel in den oberen Teil des Backofens schieben. Ca. 10 Minuten überbacken, bis der Käse sich goldbraun färbt.
7) Mit Salat und gekochten Kartoffeln, Reis oder Makkaroni servieren.

Register: Pflanzen, Tiere und Begriffe